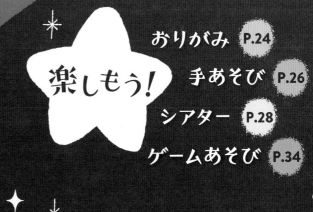

JN011976

笹飾りに願いを込めて

7月7日のたなばたには、
笹にいろいろな飾りがつるされます。
この「笹飾り」には、どんな意味や願いが込められているのでしょう?

パンダになりたい
けん

お星様に、
なにを お願い
しようかな…

紙衣

裁縫が上達するよう、
紙の人形や着物を飾ります。

吹き流し

垂らした糸に見立てて、
機織りの上達を願います。

網飾り

魚をとる網をかたどって、
豊漁を願います。

キラキラ笹飾り

型紙・作り方
P.38〜39

案・製作／町田里美

【材料】カラーポリ袋、色画用紙、
紙袋、お花紙、発泡トレー、
段ボール板、キラキラした折り紙、
紙テープ、コーヒーフィルター、
スズランテープ、千代紙、ひも、
折り紙、包装紙

くずかご

物を粗末にしないよう、
飾りを作るときに出る
紙くずを入れます。

今晩逢えるかなあ〜
織姫さまと彦星さま

✦たなばたの由来は？✦

織女星（織姫）と牽牛星
（彦星）が一年に一度だけ
会えるという中国の伝説
と、裁縫などの上達を願
う中国の「乞巧奠」とい
う風習、日本古来の
「棚機つ女」の伝説が結び
付いたものが始まりとい
われています。「五節句」
の一つで、奈良時代から
宮中行事として行われて
いました。

作ろう！織姫 * 彦星

5〜4歳児

パペット風 織姫 & 彦星

案・製作／尾田芳子

【材料】障子紙、色画用紙、ティッシュペーパー

型紙 P.39

ぷっくりフォルムが
愛らしい

作り方

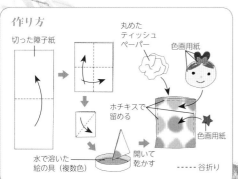

切った障子紙

丸めた
ティッシュ
ペーパー

色画用紙

ホチキスで
留める

色画用紙

水で溶いた
絵の具（複数色）

開いて
乾かす

----- 谷折り

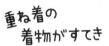

重ね着の
着物がすてき

ひも

色画用紙

色を塗った
紙コップ

お花紙

お花紙着物の
織姫＆彦星

案・製作／町田里美

【材料】紙コップ、お花紙、色画用紙、ひも

頭と体をつまようじで
つないで、人形っぽく。

紙コップ人形の
織姫＆彦星

案・製作／うえはらかずよ

【材料】紙コップ、マスキングテープ、
色画用紙、キラキラした折り紙、
紙テープ、つまようじ、ひも

型紙
P.40

つるしても
置いてもOK!

紙テープ

キラキラした
折り紙

マスキングテープ

作り方

色画用紙

裏返す

顔や髪を
描く

つまようじ

キラキラした
折り紙

ひも

手前に
折る

穴を開けて
さし、先を
セロハン
テープで
留める

7

折り紙を筒状にして
立体的な顔に。

紙テープ

キラキラした
折り紙

裂いた
スズランテープ

ゆらゆらテープの
筒型織姫&彦星

案・製作／うえはらかずよ

【材料】紙皿、折り紙、キラキラした折り紙、
スズランテープ、紙テープ

型紙
P.40

そよぐテープが
涼しげ

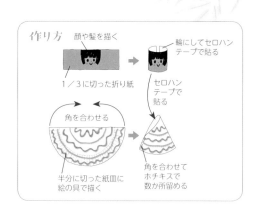

作り方

顔や髪を描く

1／3に切った折り紙

輪にしてセロハン
テープで貼る

セロハン
テープで
貼る

角を合わせる

半分に切った紙皿に
絵の具で描く

角を合わせて
ホチキスで
数か所留める

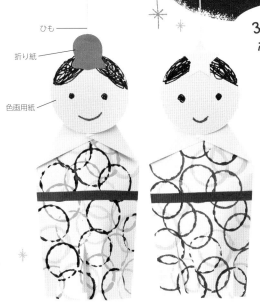

ひも

折り紙

色画用紙

3色使いで
ポップな色合いに

封筒のカラフル
織姫＆彦星

案・製作／尾田芳子

【材料】色画用紙、封筒、
ペットボトルの蓋、折り紙、
ひも、ティッシュペーパー

型紙
P.40

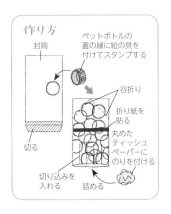

作り方

封筒

ペットボトルの
蓋の縁に絵の具を
付けてスタンプする

切る

谷折り

折り紙を
貼る

丸めた
ティッシュ
ペーパー
にのりを付ける

切り込みを
入れる

詰める

笹舟に乗った織姫＆彦星

案・製作／山下きみよ

型紙
P.40

【材料】折り紙、千代紙、色画用紙、画用紙、ひも

笹舟に
ちょこんと乗せて

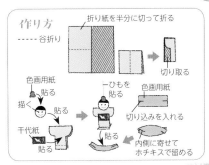

作り方

----- 谷折り

折り紙を半分に切って折る

切り取る

色画用紙
貼る

描く

貼る

千代紙

貼る

ひもを
貼る

色画用紙

切り込みを入れる

内側に寄せて
ホチキスで留める

貼る

9

キラキラで
華やかさアップ！

丸形コースターの
織姫＆彦星

案・製作／山下味希恵

【材料】丸形のコースター、お花紙、
キラキラした折り紙、色画用紙、
スズランテープ、ひも

型紙
P.41

ひも

色画用紙

丸形のコースター

ちぎったお花紙や
キラキラした折り紙

スズランテープ

オクラスタンプ
仲よし
織姫＆彦星

案・製作／イシグロフミカ

【材料】色画用紙、折り紙、
オクラ、綿ロープ

型紙
P.41

ちぎり紙の織姫＆彦星

案・製作／山口みつ子

【材料】色画用紙、柄入り折り紙、星形シール、ひも

型紙 P.40

ちぎり紙でオシャレに

— ひも

作り方

色画用紙
貼る
柄入り折り紙
貼る
描く
星形シール
色画用紙
両端を後ろに回して貼る

野菜スタンプでおもしろ模様

作り方

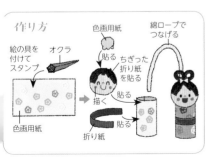

絵の具を付けてスタンプ
オクラ
色画用紙
色画用紙
貼る
ちぎった折り紙を貼る
描く
綿ロープでつなげる
貼る
色画用紙
折り紙
貼る

いぬと
あそびたい

さえ

でんしゃに
のりたい

そうた

11

カラーポリ袋の 織姫＆彦星

案・製作／おおしだいちこ

【材料】カラーポリ袋、丸シール、色画用紙、ひも

型紙 P.41

ひらひら揺れて かわいい

ひも

色画用紙

カラーポリ袋

丸シール

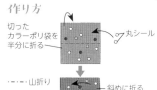

作り方

切った カラーポリ袋を 半分に折る

丸シール

-・-・- 山折り

------ 谷折り

斜めに折る

ぷっくり体が キュート！

ひも

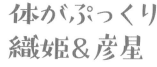

色画用紙

透明の ビニール袋

丸めたお花紙

千代紙

体が、ぷっくり 織姫＆彦星

案・製作／すぎやままさこ

【材料】透明のビニール袋、お花紙、千代紙、色画用紙、ひも

型紙 P.41

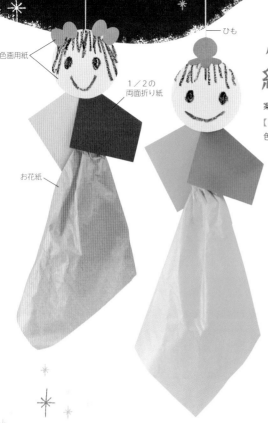

色画用紙

1／2の
両面折り紙

お花紙

ひも

ふわふわお花紙の
織姫＆彦星

案・製作／あかまあきこ

【材料】両面折り紙、お花紙、
色画用紙、ひも

型紙
P.41

風にそよいで
ふわふわふわ

指絵の具の 織姫＆彦星

案・製作／つかさみほ

【材料】紙コップ、色画用紙、キラキラした紙、紙テープ、ビニールテープ、ひも

めいっぱい
絵の具を楽しんで

ひも

キラキラした紙

色画用紙

作り方

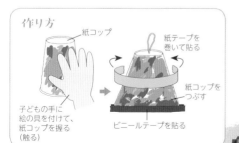

紙コップ

紙テープを
巻いて貼る

子どもの手に
絵の具を付けて、
紙コップを握る
（触る）

ビニールテープを貼る

紙コップを
つぶす

13

星飾り

5〜4歳児

ステンドグラス風
星飾り

案・製作／尾田芳子

【材料】色画用紙、
クリアファイル、
折り紙、ひも

ピカピカ
スター飾り

案・製作／おおしだいちこ

【材料】キラキラしたテープ、
キラキラした折り紙、
色画用紙、ひも

4〜3歳児

キラキラ
ピカピカ
輝くよ！

ひも

色画用紙

作り方

クリアファイルに
油性ペンで描く

ひも

色画用紙を
半分に
折って切る

ちぎった
折り紙

キラキラした
折り紙

くの字形に折った
キラキラしたテープ

14

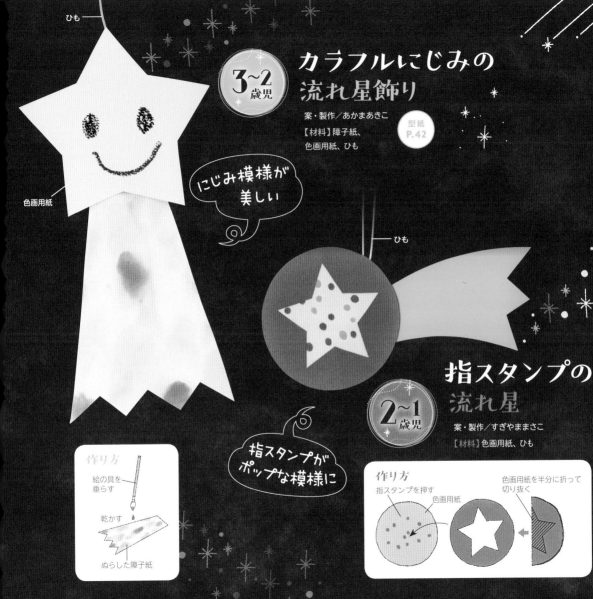

ひも

色画用紙

型紙 P.42

カラフルにじみの
流れ星飾り

3～2歳児

案・製作／あかまあきこ

【材料】障子紙、色画用紙、ひも

にじみ模様が
美しい

指スタンプが
ポップな模様に

ひも

指スタンプの
流れ星

2～1歳児

案・製作／すぎやままさこ

【材料】色画用紙、ひも

作り方

絵の具を
垂らす

乾かす

ぬらした障子紙

作り方

指スタンプを押す

色画用紙

色画用紙を半分に折って
切り抜く

15

作ろう！ つなぎ飾り

星を
どんどん
つなげよう！

4~3
歳児

染め紙
あさがおの
つなぎ飾り

案・製作／やのちひろ
【材料】障子紙、
折り紙、ひも

5~4
歳児

星のカラフル
つなぎ飾り

案・製作／つかさみほ
【材料】折り紙、ひも

色鮮やかな
染め紙が
涼しげ〜

作り方

1／4の折り紙を
2つ折りする

切る

切り込みを
入れる

ひも

※好きな色で3つ作る

開く

谷折り

貼る

作り方

〈あさがお〉

丸く切って
3回折った
障子紙

開いて
乾かす

〈葉〉

折り紙

開く

対角を
貼り合わせる

切り込み

ひも

立体的で
かわいさアップ！

流れ星風
コーナー飾り

案・製作／山下きみよ

色画用紙

スズランテープ
（下にいくにつれ、
長くなるように）

スズランテープの端に
カラークラフトテープ
を貼っておこう。

封筒が
おもしろ飾りに
へ～ンシン！

3~2
歳児

封筒
ちょきちょき
輪飾り

案・製作／山下きみよ

【材料】カラー封筒、
色画用紙、ひも

作り方

カラー封筒
切る

色画用紙

好きな
模様を描く

交互に切り込みを入れる

切る

開きながら
つながっている所
を折る

17

作ろう！ アラカルト

5~4歳児

ぽよよん星花火

案・製作／アトリエ自遊楽校 渡辺リカ

【材料】色画用紙、紙筒、キラキラした折り紙、丸シール、ひも

4~3歳児

はじき絵の足たこさん

案・製作／つかさみほ

【材料】カラーポリ袋、エアーパッキング、色画用紙、画用紙、丸シール、ひも

風に吹かれてユニークに弾む

丸めた足がキュート♪

ひも

色画用紙

キラキラした折り紙

丸シール

作り方

色画用紙に切り込みを入れる

→ 巻く

2枚作り、ずらして切り込み部分以外を貼る

紙筒

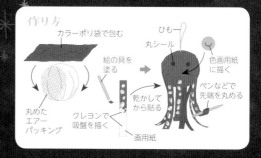

作り方

カラーポリ袋で包む

絵の具を塗る

丸めたエアーパッキング

クレヨンで吸盤を描く

画用紙

乾かしてから貼る

ひも

丸シール

色画用紙に描く

ペンなどで先端を丸める

網飾り
ロケット発射！

案・製作／やのちひろ

【材料】色画用紙、画用紙、ひも、
折り紙、キラキラした折り紙

型紙
P.42

網模様が
噴射する
炎に！

ちぎった
キラキラした折り紙や
柄入り折り紙

ひも

穴をあけた
紙コップ

折り紙

ちぎり貼りが
楽しい模様に

3〜2歳児

紙テープ

作り方

色画用紙
ひも

縦に
4つ折りに
した折り紙

画用紙

左右交互に
切り込みを
入れる

開く

全体を少し下げ
伸ばす

キラキラ
した
折り紙

紙コップの
ちぎり貼り吹き流し

案・製作／あかまあきこ

【材料】紙コップ、折り紙、キラキラした折り紙、
柄入り折り紙、紙テープ、ひも

飾ろう！ たなばたの壁面

大きな星が
2人の再会の
目印に！

お星様
見つけた！
織姫と彦星

案・製作／いとう・なつこ

【材料】色画用紙、綿、
キラキラした折り紙、モール

型紙
P.42
〜43

天の川は、綿棒でスタ
ンプしたり、模様を描い
たりして、おしゃれに！

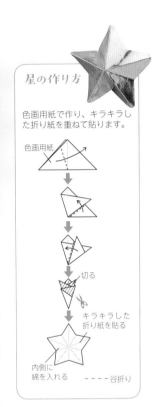

型紙
P.44
〜45

星の作り方

色画用紙で作り、キラキラした折り紙を重ねて貼ります。

色画用紙

切る

キラキラした
折り紙を貼る

内側に
綿を入れる　----谷折り

星の世界へGO！

案／*すまいるママ*　製作／ささきさとこ

【材料】色画用紙、画用紙、
キラキラした折り紙、綿ロープ

天の川を
探しに行こう！

チューブを綿ロープで
作ると、立体的に！

輝く星のつり飾り

案・製作／すぎやままさこ

【材料】色画用紙、カラー工作用紙、
キラキラしたテープ、たこ糸、
キラキラしたモール、リボン

型紙
P.46

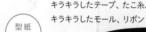

ピカピカの星が
優しく揺れる♪

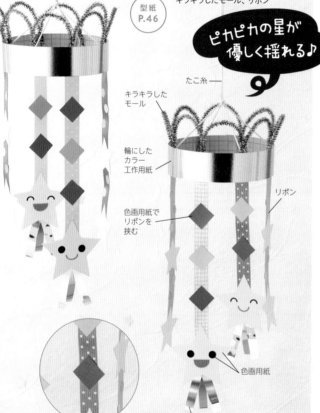

たこ糸

キラキラした
モール

輪にした
カラー
工作用紙

色画用紙で
リボンを
挟む

リボン

色画用紙

キラキラした
テープ

柄入りのリボンがアクセントに!

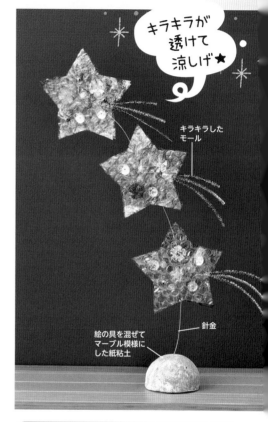

キラキラが
透けて
涼しげ★

キラキラした
モール

針金

絵の具を混ぜて
マーブル模様に
した紙粘土

作り方

スパンコールや
ビーズなど

エアー
パッキング

エアー
パッキング
(凸面)

平らな面に
貼る

平らな面同士を
貼り合わせる

透け感
おしゃれな星飾り

案・製作／町田里美

【材料】エアーパッキング、スパンコールやビーズなど、
キラキラしたモール、針金、紙粘土

スケルトン星の
つり飾り

案・製作／つかさみほ

【材料】クリアファイル、お花紙、
ひも、丸棒、キラキラしたテープ

型紙
P.46

透ける星に
願いを
込めよう♡

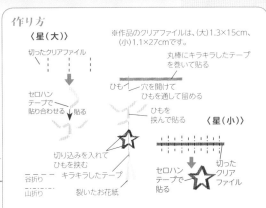

作り方

〈星（大）〉

※作品のクリアファイルは、（大）1.3×15cm、
（小）1.1×27cmです。

切ったクリアファイル

丸棒にキラキラしたテープ
を巻いて貼る

セロハン
テープで
貼り合わせる → 貼る

ひも → 穴を開けて
ひもを通して留める

ひもを
挟んで貼る

〈星（小）〉

切り込みを入れて
ひもを挟む
キラキラしたテープ

セロハン
テープで
貼る

切った
クリア
ファイル

谷折り
山折り

裂いたお花紙

ひし形にしたクリアファイルを
5つ組み合わせる

23

楽しもう！おりがみ

頭

1
1/4サイズで折り、折り筋を付ける

2

3

細く切った折り紙をさして、長い髪にしても

7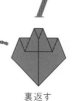

6
裏返す

できあがり！
頭と体を貼り合わせる。織姫は、前髪の中央の角2つを内側に折り込んで。

体

1

織姫・彦星

折り紙案／青柳祥子　飾り案・製作／つかさみほ
折り図／みつき

折り方の約束と記号

谷に折る	山に折る	折り筋	図を拡大する	裏返す

6
斜線部を入れ込む

5
襟元になる部分を少し残して折る

4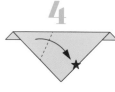
★に向かって折る

24

ロケット

折り紙案／青柳祥子　飾り案・製作／つかさみほ
折り図／みつき

1 折り筋を付ける

2

3 上の1枚を折る

4

5

6 後ろの角2つを、
引き出しながら折る

7

できあがり！

4

5 上の三角だけ折る

2

3

ステキに
飾ろう！

キラキラしたテープを
ロケットの動線に

段ボール板で台紙と
支えを作り、置き飾りに

25

手あそび

「♪さらさら」や
「♪きらきら」に合わせて、
手をひらひらさせよう。

♪1 ささのは

体の右側で両手を合わせ、
下から上へ4回拍手します。

♪2 さらさら

体の右側で両手をひらひらさせ
ながら、上から下へ下ろします。

♪3 のきばに

♪1の動きを体の左側で行います。

♪4 ゆれる

♪2の動きを体の左側で行います。

♪5 おほしさま

右手をパーにして上げ、戻したら、
左手をパーにして上げ、戻します。

6 きらきら　　　

7 きんぎんすなご　　

両手をパーにして上げます。

両手をひらひらさせながら
下ろします。

たなばたさま

作詞／権藤はなよ　補詞／林 柳波
作曲／下総皖一

♩=126

1. さ　さ　の　は　さ　ら　さ　ら　の　き　ば　に　ゆ　れ　る
2. ご　し　き　の　た　ん　ざ　く　わ　た　し　が　か　い　た

お　ほ　し　さ　ま　き　ら　き　ら　き　ん　ぎ　ん　す　な　ご
お　ほ　し　さ　ま　き　ら　き　ら　そ　ら　か　ら　み　て　る

楽しもう！ シアター

5〜3歳児

織姫と彦星
（中国の昔話）

たなばたの由来を楽しく伝えるシアターです。
天の川にかける、かささぎの橋のしかけが華やか！

案・製作・指導／あかまあきこ　撮影／林 均
モデル／伊藤有希菜

型紙
P.46
〜47

※1

星の国に
織姫と彦星が
いました

織姫と彦星を出し、少し離してテーブルに置きます。

保育者 昔々、星の国に織姫と彦星がいました。

用意する物

織姫　　彦星　　王様

機織り機　　うし　　天の川

かささぎの橋

作り方

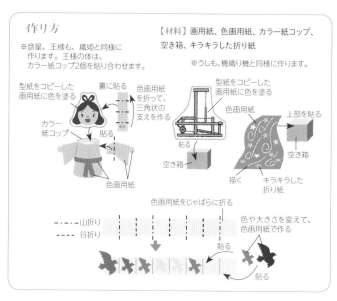

※彦星も、王様も、織姫と同様に
作ります。王様の体は、
カラー紙コップ2個を貼り合わせます。

【材料】 画用紙、色画用紙、カラー紙コップ、
空き箱、キラキラした折り紙

※うしも、機織り機と同様に作ります。

型紙をコピーした
画用紙に色を塗る

裏に貼る

色画用紙を
折って、
三角状の
支えを作る

カラー
紙コップ

貼る

色画用紙

型紙をコピーした
画用紙に色を塗る

色画用紙

上部を貼る

貼る

空き箱

描く

キラキラした
折り紙

空き箱

色画用紙をじゃばらに折る

−・−・− 山折り
−−−− 谷折り

色や大きさを変えて、
色画用紙で作る

貼る

貼る

28

きょうもたくさん
織れたわ

機織り機を出して、織姫の隣に置きます。

保育者 織姫は機織りをして、
きれいな布を織る仕事をしています。

織姫 きょうもたくさん織れたわ。

元気で大きく
なるんだよ

うしを出して、彦星の隣に置きます。

保育者 彦星はうしを育てる仕事をしています。

彦星 ようし、ようし。元気で大きくなるんだよ。

3

王様を出します。

保育者 ある日、星の国の王様が2人を眺めていました。
王様は織姫のお父さんです。

王様 ほうほう。織姫も彦星も、毎日よく働いておるな。
そうじゃ、2人に褒美をやろう。

29

4

王様を織姫に近づけます。

王様 これ、織姫。
お前は毎日機織りをして、
よく働いておるな。

王様を彦星に近づけます。

王様 これ、彦星。お前も毎日うしの
世話をして、よく働いておるな。

5

王様を中央に置き、織姫と彦星を近づけます。

王様 褒美じゃ。きょうは、
2人で楽しく過ごしてよいぞ。

王様を下げます。

*6

機織り機とうしを、左右に移動します。

（保育者）　2人はうたったり踊ったり、
　　　　　とっても楽しく過ごしました。
　　　　　あまりの楽しさに、2人は働くのを忘れて、
　　　　　毎日毎日、遊んで暮らしてしまいました。

（保育者）　2人が遊んでばかりなので、
　　　　　布はできないし、うしもやせてしまいました。

2人は
うたったり踊ったり、
とっても
楽しく過ごしました

*7

なまけてばかりで
けしからん

2人は離れ離れに
暮らしなさい！

王様を再び出します。

（王様）　なまけてばかりでけしからん。
　　　　2人は離れ離れに暮らしなさい！

天の川を中央に出します。

（保育者）　織姫と彦星は、天の川のあちらとこちらに
　　　　　別れることになりました。

機織り機を織姫のそばに、うしを彦星のそばに移動します。

＊8

保育者	それから織姫と彦星は、 がんばって働きました。
織姫	あぁ、彦星様に会いたいわ。 でも天の川に橋はないし…。
彦星	あぁ、織姫様に会いたいなぁ。
保育者	2人はいっしょうけんめい働いたので、 布がたくさんできて、 うしも元気になりました。

あぁ、彦星様に
会いたいわ

2人は
よく働いておるな。
でもとても悲しそうだ

＊9

王様を持ちます。

| 王様 | 2人はよく働いておるな。
でもとても悲しそうだ。
う～む…そうじゃ！
一年に一度だけ2人を会わせてやろう。 |

10

かささぎの橋を閉じたまま出します。

(保育者) 王様はたくさんのかささぎを呼んで、
天の川にかささぎの橋を架けました。

かささぎの橋を広げて、天の川に置きます。

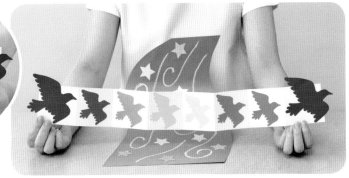

11

織姫と彦星を中央で近づけます。

(保育者) こうして一年に一度、橋を渡って、
7月7日に織姫と彦星が会えるようになりました。
その日が2人の願いがかなうたなばたの日。
それから、みんなも願い事をするように
なったんですって。

7月7日に
織姫と彦星が会える
ようになりました

おしまい

33

楽しもう！ ゲームあそび

5～4歳児

破れないようにそ～っと急げ！
織姫や～い 彦星や～い

案／アトリエ自遊楽校 渡辺リカ　イラスト／浅羽ピピ

一番早く全員が
天の川ラインを
渡ったチームの
勝ち！

約120cm

天の川ライン

織姫や～い

彦星や～い

がんばれー！

スタート

彦星

織姫

ねらい

★ バランスをとりながら運ぶ遊びを通して、力の加減や体の使い方を知る。

★ チーム対抗の遊びを通して、競争する遊びのおもしろさを感じる。

★ 季節感のある遊びを楽しむ。

【用意する物】
慣れてきたら、長くしてもおもしろい。✓
トイレットペーパー（120cmくらいに切った物）、ビニールテープ

【準備】
2～3チームに分かれ、チーム内で「織姫」と「彦星」のペアを決めます。ビニールテープで「天の川ライン」を作っておきます。スタートラインにトイレットペーパーを置いておきます。

遊び方

1 先頭のペアはスタートラインに並びます。「スタート」の合図で彦星役の子が「織姫や～い」と呼びかけ、織姫役の子が「彦星や～い」と答えたら、2人でトイレットペーパーの両端を持ちます。

2 トイレットペーパーが破れないように気をつけながら、天の川ラインを渡ります。

3 渡り切ったらトイレットペーパーを床に置き、反対側に並んでいる次の組にバトンタッチ。

ポイント 途中で破れてしまったら、新しいトイレットペーパーに替えてスタートラインから再スタートします。

34

どんなポーズかな？

4~3歳児 織姫・彦星・天の川

案／須貝京子　イラスト／みさきゆい

織姫ポーズ
胸の前で手を交差する

彦星ポーズ
片手を突き上げる

天の川ポーズ
泳ぐように保育室を
歩き回る

ねらい

★ 体を動かす楽しさを
感じながら、集中力と
反射神経を養う。

【準備】
1か所に集まって、子どもたちと相談しながら、「織姫ポーズ」「彦星ポーズ」「天の川ポーズ」を決めます。

織姫！

間違え
ちゃった！

遊び方

1 全員で「織姫・彦星・天の川」と2回唱えます。

2 保育者が3つのなかの1つを大きな声で言い、子どもたちは、そのポーズをとります。

アレンジ 子どもたちが慣れてきたら、フェイントをかけても楽しめます。例えば、頭文字が同じ単語を、「あー…んぱん！」「ひー…まわり」などと工夫すると遊びが盛り上がります。

両手を笹に見立てて

笹の葉サラサラ

案／須貝京子　イラスト／みさきゆい

♪ …ゆれる ♪

あ！

ねらい

★ 歌に合わせて保育者や友達と関わる楽しさを味わう。

★ 季節の行事に親しむ。

【準備】

子どもたちは輪になり、両手のひらを床に向けて広げます。保育者は輪の真ん中に入ります。

♪ ささのは さらさら…

全員が笹になったら、もう一度みんなでうたいましょう。

遊び方

1 全員で「たなばたさま」をうたいます。保育者はうたいながら、一音ずつ順番に、子どもの手の甲を（片方ずつ）なでていきます。

2 「ゆれる」の「る」に当たった子どもは、なでられた手をひっくり返します。

3 繰り返しうたい、両手がひっくり返った子どもは笹になって、両手を振ります。

※人数が多い場合は、「さらさら」の「ら」、「きらきら」の「ら」、「すなご」の「ご」でも、手をひっくり返すようにするとよいでしょう。

キラキラ星をゲットしよう
お星様キャッチ！

案／浅野ななみ　イラスト／坂本直子

2〜1歳児

えいっ

ねらい

⭐ ボールをつかんだり投げたり
する。

⭐ 簡単な繰り返しのある遊びで、
保育者とのやりとりを楽しむ。

【用意する物】
カラーポリ袋、
星ボール（カラーボールと折り紙で作る）

〈星ボール〉

カラーボール

折り紙

流れ星〜

待て〜

遊び方

1 保育者がカラーポリ袋を広げて持ち、
子どもたちは袋を目がけて星ボールを
投げ入れます。

2 カラーポリ袋に全ての星ボールが入っ
たら、保育者は「流れ星〜」と言って、
星ボールを転がして出し、子どもたち
は追いかけて捕まえます。

すぐに使えて便利！

コピー用型紙集

型紙
P.00

このマークが付いている
作品の型紙です。コピー
してご利用ください。

《共通項目》 ＊お好みの大きさに拡大して使用してください。

基本の星

基本の顔

※作品の大きさに合わせて、拡大・縮小コピーをしてください。
※掲載作品の形と完全に一致しない場合もあります。

P.4
～5

笹飾りに
願いを込めて
～キラキラ笹飾り

織姫の髪　**彦星の髪飾り**　**魚のしっぽ**　**笹**

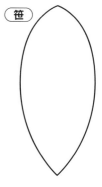

※笹は、3枚コピーをして貼り合わせてください。
※笹は、他のパーツの125％に拡大コピーをしてください。

作り方

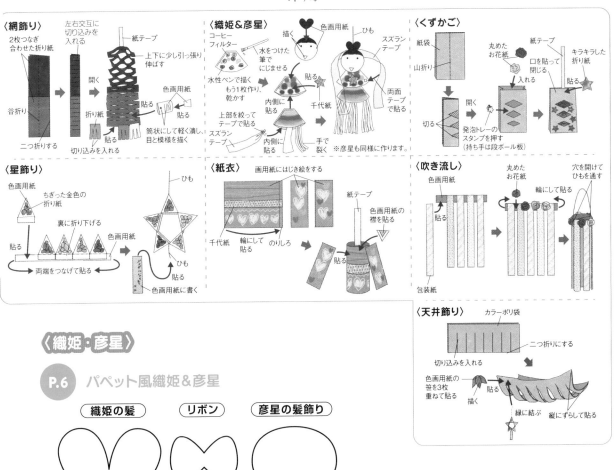

〈網飾り〉

2枚つなぎ合わせた折り紙

谷折り

二つ折りする

左右交互に切り込みを入れる

切り込みを入れる

開く

紙テープ

上下に少し引っ張り伸ばす

筒状にして軽く潰し、目と模様を描く

貼る

色画用紙

貼る

貼る

〈織姫＆彦星〉

コーヒーフィルター

水性ペンで描く

水をつけた筆でにじませる

内側に貼る

上部を絞ってテープで貼る

スズランテープ

内側に貼る

描く

色画用紙

ひも

スズランテープ

貼る

千代紙

手で裂く

両面テープで貼る

※彦星も同様に作ります。

〈くずかご〉

紙袋

山折り

丸めたお花紙

入れる

切る

開く

発泡トレーのスタンプを押す（持ち手は段ボール板）

口を貼って閉じる

紙テープ

貼る

キラキラした折り紙

〈星飾り〉

色画用紙

ちぎった金色の折り紙

貼る

裏に折り下げる

色画用紙

両端をつなげて貼る

ひも

貼る

ひも

色画用紙に書く

〈紙衣〉

画用紙にはじき絵をする

千代紙

輪にして貼る

のりしろ

紙テープ

色画用紙の襟を貼る

貼る

〈吹き流し〉

色画用紙

丸めたお花紙

輪にして貼る

穴を開けてひもを通す

貼る

包装紙

〈天井飾り〉

カラーポリ袋

二つ折りにする

切り込みを入れる

色画用紙の笹を3枚重ねて貼る

描く

貼る

縦にずらして貼る

縁に結ぶ

〈織姫・彦星〉

P.6 パペット風織姫＆彦星

織姫の髪

リボン

彦星の髪飾り

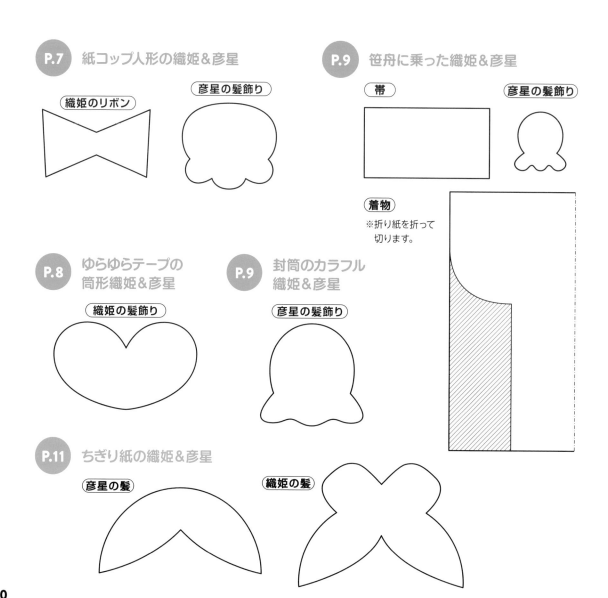

P.7 紙コップ人形の織姫＆彦星

織姫のリボン

彦星の髪飾り

P.9 笹舟に乗った織姫＆彦星

帯

彦星の髪飾り

着物
※折り紙を折って
　切ります。

P.8 ゆらゆらテープの
筒形織姫＆彦星

織姫の髪飾り

P.9 封筒のカラフル
織姫＆彦星

彦星の髪飾り

P.11 ちぎり紙の織姫＆彦星

彦星の髪

織姫の髪

P.10 丸形コースターの織姫＆彦星

彦星の髪飾り

P.12 カラーポリ袋の織姫＆彦星

織姫の顔　　彦星の顔

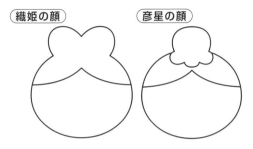

P.12 体がぷっくり織姫＆彦星

彦星の顔　　織姫の顔

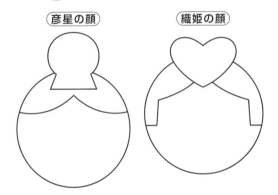

P.10～11 おくらスタンプの仲よし織姫＆彦星

彦星の髪飾り　　織姫の髪
織姫のリボン

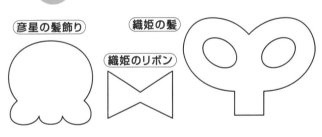

P.13 ふわふわお花紙の織姫＆彦星

織姫のリボン　　彦星の髪飾り

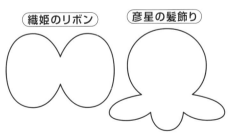

〈星飾り〉

P.15 カラフルにじみの
流れ星飾り

尾

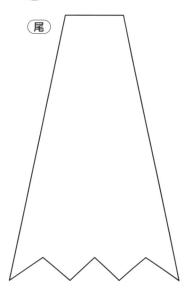

〈アラカルト〉

P.19 網飾りロケット発射！

ロケット

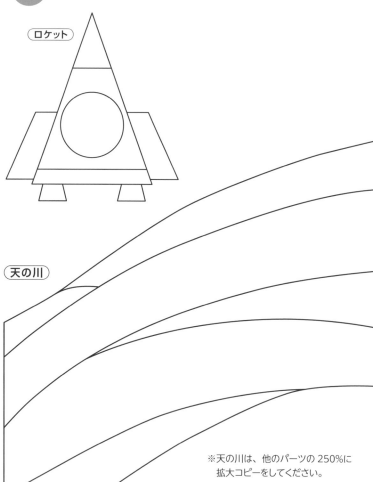

天の川

〈壁面〉

P.20 お星様見つけた！
織姫と彦星

※天の川は、他のパーツの250％に
拡大コピーをしてください。

織姫

彦星

雲

P.21 星の世界へGO！

ねことロケット

目のバリエーション

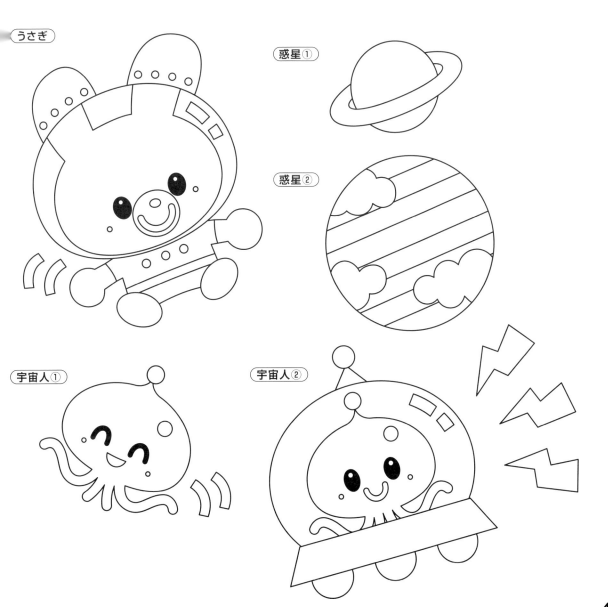

うさぎ

惑星①

惑星②

宇宙人①

宇宙人②

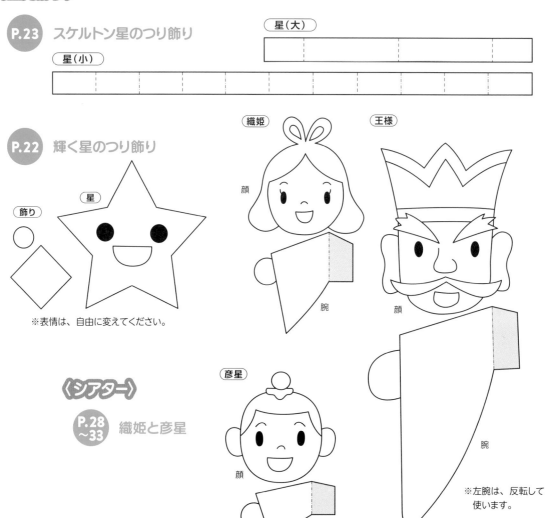

〈室内飾り〉

P.23 スケルトン星のつり飾り

星（大）

星（小）

P.22 輝く星のつり飾り

飾り

星

織姫

王様

顔

腕

顔

※表情は、自由に変えてください。

〈シアター〉

P.28〜33 織姫と彦星

彦星

顔

腕

腕

※左腕は、反転して
　使います。